本書の使い方

学習の流れ

「**事例を読んで，その事例に対応したワークに取り組む**」のが本書の基本的な学習の流れです。

Case 事例 ● 読む

> 皆さんに身近な事例が 14 テーマ掲載されています。楽しんで読んでいきましょう。

Work ワーク ● 調べる ● 話し合う

> 事例に対応した課題（Study）が掲載されています。調べたことや考えたことを本書に書き込んで取り組みましょう。

紙面の要素

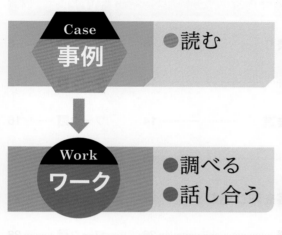

鉄道ファンにはどんなタイプがある？

列車に乗ることを楽しむ
乗り鉄

マンガ
事例に関するトピックをもとにしたマンガです。

Key Word
☐ リモートワーク　☐
☐ SNS　☐ 観光列車

Key Word
事例の文中にある重要用語です。

日付記入欄　読んだらチェック！		
☑ 年	月	日

日付記入欄
事例を読み終わった日付を記入しましょう。

検索ワード例 🔍　観光列車

検索ワード例
調べる実習において，検索するとよいワードの例です。

advance

advance
進んだ実習課題です。より深く学習する際に取り組みましょう。

QR コード

　紙面に掲載している QR コードから，事例の内容に関わる動画や Web ページにアクセスすることができます。

　※コンテンツ使用料は発生しませんが，通信料は自己負担となります。

QR コード例

青森屋の『のれそれ方言Navi』p.43 事例 10 に掲載

もくじ

事例マップ

※各サービス・活動の拠点や運営企業の本社などを示しています。

 本書で取り上げた事例を日本地図にまとめました。

 ワークで皆さんが調べた事例を書き込んでいこう。

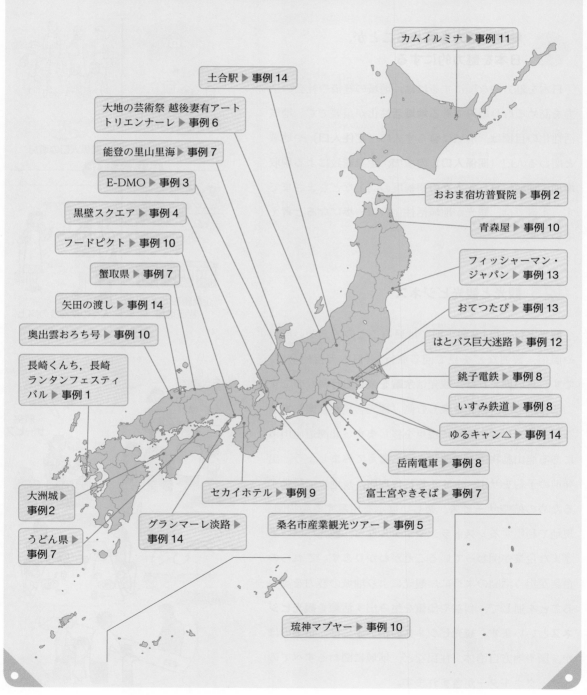

カムイルミナ ▶ 事例 11

土合駅 ▶ 事例 14

大地の芸術祭 越後妻有アートトリエンナーレ ▶ 事例 6

能登の里山里海 ▶ 事例 7

E-DMO ▶ 事例 3

黒壁スクエア ▶ 事例 4

フードピクト ▶ 事例 10

蟹取県 ▶ 事例 7

矢田の渡し ▶ 事例 14

奥出雲おろち号 ▶ 事例 10

長崎くんち，長崎ランタンフェスティバル ▶ 事例 1

おおま宿坊普賢院 ▶ 事例 2

青森屋 ▶ 事例 10

フィッシャーマン・ジャパン ▶ 事例 13

おてつたび ▶ 事例 13

はとバス巨大迷路 ▶ 事例 12

銚子電鉄 ▶ 事例 8

いすみ鉄道 ▶ 事例 8

ゆるキャン△ ▶ 事例 14

岳南電車 ▶ 事例 8

富士宮やきそば ▶ 事例 7

大洲城 ▶ 事例 2

セカイホテル ▶ 事例 9

うどん県 事例 7

グランマーレ淡路 ▶ 事例 14

桑名市産業観光ツアー ▶ 事例 5

琉神マブヤー ▶ 事例 10

～なぜ，観光について学ぶのか？～

このページでは，「観光」と「地域活性化」の基礎的な知識と，
これらを学習する意義についてみていきましょう。

1 地域の活力を高めることが，日本を魅力的にする

　日本を魅力的な国にするには，地域の経済や社会の活力を高める取り組みである**地域活性化**が重要です。地域活性化の目標は，地域に暮らす人口（**定住人口**）や地域と関わる人口（**関係人口**）の増加，企業誘致による税収増加，地域に暮らす人々の幸福度の向上などさまざまです。本書では，観光が地域活性化の第一歩になると考えています。

定住人口の増加　　関係人口の増加

地域活性化

企業誘致による税収増加　　人々の幸福度の向上

2 観光と観光ビジネス

　観光とは，「日常の生活では見ることのできない風景や風俗，習慣などを見て回る旅行」（日本大百科全書）です。言い換えれば，観光は**余暇を楽しむ行為**なのです。

　ここからは，観光を楽しむ側（観光客）から楽しませる側（観光ビジネス）に視点を移します。北海道旭川市にある旭山動物園への旅行を例に考えてみましょう。出発前の予約をサポートする旅行代理店，現地まで移動するための航空サービス，楽しい展示を用意する動物園，現地で利用するレストランやホテルなど，観光にはさまざまな企業が関わっていることがわかります。これらの企業が担う活動のように，観光により地域の魅力を高めることを通じて，利益や価値を生み出す活動を**観光ビジネス**といいます。観光ビジネスの担い手には，企業のほか，国や地方自治体，住民など，地域に関わるすべてのステークホルダーが含まれます。

旅行代理店

旭川

航空サービス

動物園

レストラン

ホテル

3 観光は「購入」「交流」「移住」のきっかけ

　旅行によって観光地を好きになった人は，その地域に対して以前とは異なる気持ちを抱くようになります。旭川市を好きになった人は，旭川市で生産された製品を**購入**してみたり，旭川を再び訪れて，
5　現地の人と**交流**してみたいと思ったりするでしょう。さらに気持ちが高まれば**移住**したいと思うかもしれません。つまり，観光ビジネスは，人々の地域に対する付き合い方を変える可能性がある重要な役割を担っているのです。

4 個別企業と観光地，2つのレベルのマーケティング

10　観光客を満足させるために，企業は自社の**対象顧客**（**ターゲット**）を定め，そのニーズ（何かを欲しいと思う気持ち）を満たすサービスを提供しなくてはなりません。こうした一連の活動を**マーケティング**といいます。例えば，子どものいる家庭にはホテルの夕食は
15　バイキングが喜ばれ，お一人様の宿泊客には部屋でゆったりととれる食事が喜ばれるかもしれません。どういった顧客をターゲットにするかによって，ホテルが提供すべきサービスは変わるのです。

　観光客の旅行に対する満足度を高めるには，個別企
20　業のマーケティングだけでは不十分です。観光ビジネスの成功には，個別企業のマーケティングに加えて，観光地全体の魅力を高めるための**デスティネーション・マーケティング**が必要です。

企業によるマーケティング

ご当地グルメ開発　B 級

観光名所の PR

ゆるキャラ考案

観光地全体によるマーケティング
（デスティネーション・マーケティング）

5 未曾有の危機をどう乗り越えるか，一緒に考えよう

25　観光ビジネスにとって，**新型コロナウイルスの感染拡大**は未曾有の危機です。国境をまたぐ移動が制限されたことで，**インバウンド（訪日外国人）市場**の恩恵は無くなってしまいました。皆さんには，この本を通じて観光ビジネスの基礎知識を身につけ，観光ビジネスが直面している危機をどう乗り越えるかを一緒に考えて欲しいと願っています。

伝統文化と異国文化が交わるお祭り

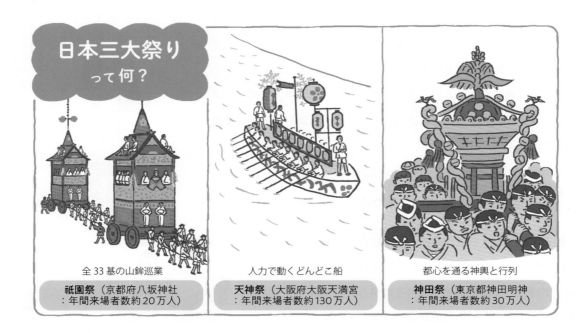

日本三大祭り
って何？

全33基の山鉾巡業
祇園祭（京都府八坂神社
：年間来場者数約20万人）

人力で動くどんどこ船
天神祭（大阪府大阪天満宮
：年間来場者数約130万人）

都心を通る神輿と行列
神田祭（東京都神田明神
：年間来場者数約30万人）

1 異国文化を感じる華やかな長崎くんち

　長崎県長崎市にある諏訪神社の秋季大祭である長崎くんちは毎年
10/7〜9の3日間開催される**お祭り**です。中国の楽器に合わせて
「龍踊」が演じられたり，曳物に「オランダ船」が登場したりする
など，**異国文化を取り入れたエキゾチックさが魅力**です。長崎くん
ちは380年以上の歴史を持ち，奉納踊❶は国の**重要無形民俗文化財**
に指定されています。長崎市にある58の町が7組に分けられ，7
年に1度，当番の町が演し物を奉納します。この演し物の内容は
各町によって異なり，創意工夫をこらしています。

❶長崎くんちで披露されるさまざまな芸能を含む行事。長崎市の諏訪神社の秋季大祭に奉納される。

←龍踊

オランダ船→

2 1万5,000個のランタンが彩るお祭り

　長崎市にある長崎新地中華街は，横浜，神戸と並ぶ，日本の三大中華街の1つです。長崎ちゃんぽんや皿うどんは，中国の影響を受けて生み出された庶民の味です。この長崎新地中華街を中心に2月頃に開催されるのが，長崎ランタンフェスティバルです。中国の旧正月（春節❷）を祝う行事として，巨大なオブジェを含む約1万5,000個のランタン（中国提灯）が灯されます。中国の雨乞い神事の「龍踊」，清朝時代の皇帝・皇后が民衆と祝った様子をイメージした「皇帝パレード」，獅子舞や雑技，二胡演奏など，長崎に息づいた中国文化を再発見するお祭りです。

❷春節は中華圏における旧正月のこと。月の満ち欠けに沿った太陽太陰暦では，354日を1年と換算するため，春節の日にちは，毎年異なります。

↑長崎ランタンフェスティバル

3 観光の誘客と伝統文化の担い手育成

　長崎くんちと長崎ランタンフェスティバルは多くの来場者を集める大きなイベントです。長崎市ではその他に，「長崎帆船まつり」「長崎ハタ揚げ大会」「長崎ペーロン選手権大会」「精霊流し」といった日本の伝統に基づくお祭りに加え，異文化を取り入れた魅力的なお祭りがあり，観光客を一年中集めています。長崎市は，鎖国時代唯一海外との窓口だった出島があり，ヨーロッパをはじめとした異国との盛んな交流の影響が色濃く映し出されています。

　お祭りが観光客を集める一方で，伝統文化の担い手の世代交代が課題です。高齢化や人口流出の影響もあって，長崎くんちでは当番の町だけでは出演者をまかなえず，町外から補充することも少なくありません。資金不足で参加を辞退する町もあります。伝統文化を守るためには観光客へのプロモーションだけではなく，担い手（後継者）の育成も必要です。

↑眼鏡橋（重要文化財）でのランタン装飾

↑長崎ペーロン選手権大会

Key Word

□お祭り　□異国文化　□重要無形民俗文化財　□春節
□プロモーション

ワーク 1 　伝統文化と異国文化が交わるお祭り

Study 1　日本には約 30 万のお祭りがあります（オマツリジャパンより）。日本で行われているお祭りを調べよう。

「日本三大祭り」で調べると有名なお祭り，「奇祭」で調べると珍しいお祭りが出てくるよ。

検索ワード例 🔍	オマツリジャパン　日本三大祭り　奇祭

お祭りの名前	開催場所	具体的なお祭りの内容
（例）祇園祭	（例）京都・八坂神社	（例）祇園祭とは，京都で毎年 7 月に行われる祇園・八坂神社の祭礼で，平安時代に神泉苑にて祇園の神様を迎えた神輿 3 基と 66 本の矛を立てて御霊会を行い，神に疫病を鎮めてもらおうとしたのが始まりとされている。

advance　海外のお祭りを調べて，日本と海外のお祭りの違いを考えよう。

Study 2
地元のお祭りを調べて，地元客だけではなく遠方からの観光客にも来てもらうための「目玉イベント」を考えよう。

多くの神社で，お祭りをしているはずだよ。

イベント名	開催場所・お祭り名	イベントの内容
（例）YouTuber と歌おう	（例）○○神社・例大祭	（例）有名 YouTuber を呼んで若者とカラオケの点数を競うイベントを開催。

advance グループ内でお互いに考えた内容を発表しよう。

Study 3
観光客を集めるだけではなく，お祭りを受け継ぐ，若い担い手を育てるための方法を考えよう。

色々な立場（主催者，自治体，地元企業，学校など）を想定してみよう。

方法	実施するポイント
（例）主催者が地元住民に対してお祭りの担い手の公開募集を行う。	（例）地元住民の 30 代以下の家をメインに，お祭りの担い手募集のチラシを配布する。

advance お祭りの魅力で「移住者」を増やすにはどうしたらいいか考えよう。

寺泊って, どんなことができるの?

坐禅体験
・坐禅についての説明
・坐禅
・おはなし

写経体験

延命十句観音経
摩訶般若波羅密多心経

御朱印帳作り体験

オリジナル御朱印帳

←おおま宿坊普賢院の宿泊室(上)と精進料理(下)

❶ 寺泊と城泊

(1)寺に泊まる宿坊体験

　おおま宿坊普賢院は, 本州最北端, マグロで有名な青森県大間町にあります。**宿坊**とは, 僧侶や参拝者のための宿泊施設のことですが, 近年では, 一般の観光客に開放することも少なくありません。 5

　宿坊体験(**寺泊**)では, 1日1組限定で座禅や写経を体験することができ, 夕食には地元大間のマグロを使った料理を楽しむことができます。 10

　「お寺＝古い」というイメージを抱くことも多いですが, おおま宿坊普賢院の部屋は**グランピング**(快適なサービスを受けられるキャンプ)を意識したかのようなおしゃれな空間になっており, 若者でも泊まりやすい環境を整えています。 15

↑宿泊客の入城シーン（上）と寝室（下）

⑵ 1泊100万円で城に泊まる

　愛媛県大洲市にある大洲城は，木造の天守閣に泊まるという城泊ができる日本初の宿泊施設です。城貸切のプランは，2名1泊100万円です。

5　「キャッスルステイ」と名付けられたこのプランでは，鉄砲隊の祝砲に合わせて，甲冑を身に着け馬に乗って入城したり，国の重要文化財である臥龍山荘で殿様御膳を食べたりすることができるなど，まるで城主になった気分が味わえます。

2 「泊まる」ことの経済効果

10　大間町も大洲市も，有名な観光資源があるものの，観光の通過点になっていることが課題です。日帰り客ではなく，宿泊を伴う滞在客は，地域にさまざまな経済効果をもたらします。宿泊費はもちろんですが，宿泊場所の周辺での飲食代やお土産代も観光客が使って
15　くれるようになり，広域的な経済効果が期待できます。おおま宿坊普賢院や大洲城も，観光客の地域観光の拠点として機能することを目指しています。

3 文化財の活用と保護のバランス

　近年，寺や城，神社などは伝統的な文化や文化財を
20　積極的に活用して，観光の目的地（デスティネーション）や拠点になることを目指してさまざまな取り組みをしています。例えば，寺に併設されたカフェを充実させる，アニメの舞台になった神社が聖地巡礼の目的地としてアピールする，などです。

25　ただし，文化財を使用すると，傷ついたり壊れたりするリスクが出てきます。文化財の使用と保護のバランスを保つことも必要です。

↑青森県の漁業者をモデルにした漁師カード。青森県の水産物の消費拡大，知名度向上及び青森県漁業への理解促進を目的として作成された。キャンペーン期間中に，青森県内にある販売所で水産物などを購入すると，おまけとしてこのカードがついてくる。

Key Word
□宿坊　□寺泊　□グランピング　□城泊　□観光資源
□デスティネーション　□聖地巡礼

日付記入欄　読んだらチェック！
✓　　年　　　　　月　　　　　日

Work
ワーク 2 寺や城に泊まれる!?

Study
1 寺や神社が行っている新しい取り組みを調べよう。

> 寺や神社と,「カフェ」「アニメ」「コンサート」「YouTube」「アイドル」などを組み合わせて調べよう。

検索ワード例 🔍	他力本願 .net

寺や神社の名前	所在地	新しい取り組み
(例) 信竹寺	(例) 東京都渋谷区	(例) 代官山寺カフェ

advance なぜ寺や神社が調べたような取り組みをする必要があるのか考えよう。

Study 2

どのような人がどのような時に，1泊100万円で城に泊まるのか考えよう。

自分のためだけじゃなく，誰かにプレゼントすることもあるかもね！

どのような人？	どのような時？
（例）お城マニア	（例）誕生日パーティー

advance　城泊をどのようなターゲットにプロモーションするべきか考えよう。

Study 3

もし近くの寺や城が宿泊プランを提供しているとしたら，自分の住んでいる地域を拠点にした，どのような観光客向けの旅行プランが提案できるのか考えよう。

観光協会のWebサイトでは，モデルルートを提示している場合も多いよ。

（例）

時刻	内容
11:00	○○駅
12:00〜13:00	△△食事処で昼食
13:30〜15:00	サイクリング
15:30	○○寺　チェックイン

時刻	内容

advance　日帰りバージョンもつくってみて，日帰りと滞在でどのような違いがあるか話し合おう。

エコツーリズム の目標って何？

〇〇滝のあたりは本当に絶景ですよ。

自然の美しさ・奥深さに気づき
環境保全に関する行動につながる
「私が変わる」

地域固有の魅力を見直し，地元に
自信と誇りを持てる地域となる
「地域が変わる」

自然や文化を守り
未来への遺産として引き継ぐ
活力ある持続的な地域となる
「そしてみんなが変わる」

↑飛騨川沿いの噴泉池

1　下呂市のエコツーリズム

　岐阜県下呂市は，日本三名泉にも数えられる温泉が有名な地域です。下呂市の宿泊客のうち9割以上が温泉を目的としており，団体旅行がメインの**発地型観光**が主流でした。しかし，企業などの団体旅行の需要は減っています。 5

　その一方で観光客個々人のニーズに合わせた旅行プランの需要は増えており，**着地型観光**への転換を図っています。

　その下呂市が提案する旅行プランの1つが地域の自然を生かした**エコツーリズム**です。「小坂の滝めぐり」「金山巨石群と筋骨めぐり」「馬瀬の里山体験」「飛騨街道の歴史探訪」など，下呂市内の観光スポットを巡るさまざまなエコツアーを提供しています。 10 15

発地型観光

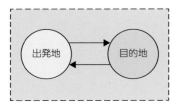

出発地　目的地

出発地の旅行業者が販売する旅行パッケージで，目的地に訪れる観光

着地型観光

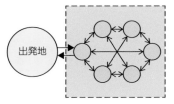

出発地

旅行先の目的地が提案する旅行プランを利用したり，インターネットで直接これらのプランを購入したりする観光

2 エコツーリズム×DMO

　リゾート地の開発は、森林を更地にして大型ホテルを建設するなど環境破壊を伴うことが多くありました。

5　しかし、環境破壊はリゾートの魅力である自然を失うことにもつながり、持続的（サステナブル）な観光にはなりません。そこで自然の魅力や価値を尊重するエコツーリズムが出て

10　きました。地域にある自然や文化、歴史などの魅力を生かしながら、その**観光資源**を持続的に利用し、地域振興への貢献を目指すのがエコツーリズムです。

15　下呂市は、エコツーリズムを推進すべく、エコツーリズムと DMO ❶を融合した E-DMO という日本発の取り組みを推進しています。

下呂市観光マップ
Gero City The Sightseeing Map

馬瀬エリア
Maze
馬瀬川

萩原エリア
Hagiwara
飛騨小坂駅

下島温泉 ひめしゃがの湯
The spa of Shitajima
下呂温泉から車で40分

小坂エリア
Osaka
厳立峡
がんだて公園

濁河温泉
The spa of Nigorigo
下呂温泉から車で1時間40分
五の池小屋

飛騨川温泉 しみずの湯
The spa of Hidagawa
下呂温泉から車で20分
森山神社
飛騨川公園
上呂駅
飛騨萩原駅

南飛騨馬瀬川温泉 美輝の里
The spa of Mazegawa
下呂温泉から車で30分
禅昌寺駅
温泉寺
下呂温泉合掌村

湯屋温泉
The spa of Yuya
下呂温泉から車で40分

下呂エリア
Gero

小坂の滝めぐり
下呂駅

岩屋ダム
金山巨石群
焼石駅

下呂温泉
The spa of Gero

金山エリア
Kanayama
玉龍寺
横谷峡
飛騨金山駅
中山七里
苗代桜
筋骨めぐり

飛騨金山温泉
The spa of Hidakanayama
下呂温泉から車で30分

N

❶ DMO は観光地域づくりを行う舵取り役となる法人と定義されています（観光庁）。Destination Management Organization の略。

3 エコツーリズムと DMO それぞれの課題

　エコツーリズムに関しては、1998 年にエコツーリズム推進協議会が発足、2007 年にエコツーリズム推進法が制定されました。し

20　かし、「観光推進」「観光資源（自然・文化）の保全」「地域活性化」の 3 つを実現する方法や統一的なルールの確立はされておらず、各地方自治体などが手探りで取り組んでいる状況です。

　DMO では、地域の「稼ぐ力」を引き出すことも重要です。その基礎的な役割・機能として、「多様な関係者の合意形成」「データに

25　基づく戦略の策定」「観光関連事業と戦略が整合したプロモーション」などが挙げられています。ただし、観光協会が DMO と名前を変えるだけの場合も多いのが現状です。DMO が地域の観光を主導する存在になるには、専門知識の獲得と人材の育成が鍵です。

↑下呂温泉合掌村

↑小坂の滝めぐり

Key Word

□発地型観光　□着地型観光　□エコツーリズム　□観光資源　□DMO

Study 1　発地型観光と着地型観光のそれぞれの特徴を調べよう。

> 旅行の主催，人数，内容などさまざまな違いがあるよ。

発地型観光の特徴	着地型観光の特徴

advance　インターネットの予約サイトで具体的な発地型観光，着地型観光のプランを調べよう。

Study 2　地域の自然や文化，歴史の魅力を活かしたエコツーリズムで観光を促進している地域を調べよう。

> 「エコツーリズム大賞」と検索するといいよ。

検索ワード例　🔍	エコツーリズム大賞　エコツーリズム＋（地名）

具体的な地域	エコツアーの内容	エコツーリズムの取り組み
（例）三重県鳥羽市（鳥羽市エコツーリズム推進協議会）	（例）海女小屋体験，離島の路地裏散策	（例）子どもたちへのキッズクッキングや島っ子ガイドの育成事業

advance　観光でなぜ「エコ」を意識する必要があるのか考えよう。

Study 3　日本における DMO の役割について調べて，なぜ DMO という組織が観光に必要とされるのか話し合おう。

観光庁の「DMO」について説明している Web ページが参考になるよ。

検索ワード例 🔍	DMO

DMO の役割

必要とされる理由

advance　グループで話し合った内容をクラスで発表しよう。

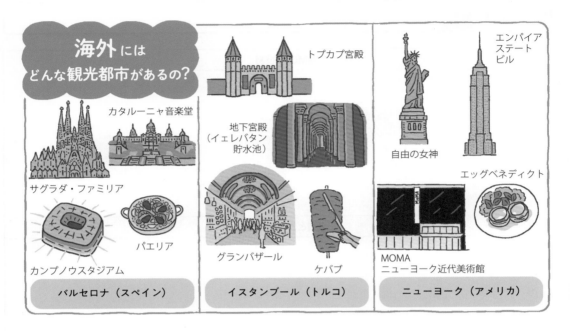

海外には
どんな観光都市があるの？

カタルーニャ音楽堂

サグラダ・ファミリア

パエリア

カンプノウスタジアム

バルセロナ（スペイン）

トプカプ宮殿

地下宮殿
（イェレバタン
貯水池）

グランバザール

ケバブ

イスタンブール（トルコ）

エンパイア
ステート
ビル

自由の女神

エッグベネディクト

MOMA
ニューヨーク近代美術館

ニューヨーク（アメリカ）

↑開設当時の黒壁。出典：『長浜百年』（長浜市発行，1980年）

←現在の黒壁

1 第三セクター「株式会社黒壁」の設立

　琵琶湖の北側に位置する滋賀県長浜市には，黒壁スクエアという年間約200万人の観光客が訪れる観光スポットがあります。「黒壁」とは，黒壁銀行という愛称で親しまれた銀行の建物の通称でもあり，企業の名前でもあります。

　長浜市の商店街は1970年代から大型店の出店やモータリゼーションなどの影響もあり，衰退していました。その頃，黒壁銀行の建物を解体するという話が持ち上がります。地元の将来に危機感を持った長浜市と企業家有志が共同で**第三セクター**の株式会社黒壁を設立し，建物の保存と，**地域活性化**のための事業を推進しました。

5

10

黒壁スクエア紹介動画→

2 ガラス文化を根づかせる

　商店街に活気を取り戻すために目をつけた事業がガラスでした。小樽や広島，ヨーロッパを視察し，1989年に「黒壁ガラス館」と工房，レストランの3館をオープンしました。現在では，「黒壁オルゴール館」や滋賀県の特産品を集めた「黒壁AMISU」といった直営店に加えて，「海洋堂フィギュアミュージアム 黒壁龍遊館」，郷土料理の焼き鯖そうめんを提供する「翼果楼」といったレストラン，物産品店などを合わせて20を超える店舗が賑わいを見せています。

↑海洋堂フィギュアミュージアム 黒壁龍遊館

3 黒壁スクエアのアーバンツーリズムと課題

　黒壁スクエアを訪れるように，都市の街並み，美術館や博物館，ショッピングなどを楽しむ観光を**アーバンツーリズム**といいます。名所を訪れたり，景色や自然を体験したりすることを主な目的とする観光とは異なります。アーバンには「都市」という意味だけではなく，「洗練された」という意味もあります。

　ガラス工芸を文化として根づかせ，街づくりと地域活性化に貢献している黒壁スクエアですが，課題もあります。その1つが，来街者数と株式会社黒壁の年商があまり比例していない点です。例えば，2018年は来街者211万6千人・年商6億4,600万円，2019年は来街者213万9千人・年商6億1,300万円と来街者が増えても年商が減っています。このことから，黒壁スクエアに訪れる観光客がお金を落とす（使う）仕組みがうまく機能していないと考えられます。そのため，施設のリニューアルを進めて集客に力を入れることと合わせて**マーケティング**の知識を活用して，**ターゲット**に合わせたお土産などの展開を考える必要があります。

←焼き鯖そうめん

↑黒壁ガラス館で販売されているガラス製品
（2019年撮影）

Key Word

□モータリゼーション　□第三セクター　□地域活性化
□アーバンツーリズム　□マーケティング　□ターゲット

日付記入欄　読んだらチェック！
✓　年　　　　月　　　　日

Work ワーク 4　ガラス工芸で観光都市化

Study 1　近隣の人以外にはあまり知られていない歴史的建造物を調べ，その建造物の観光客にとっての魅力を考えよう。

近くの神社や寺などには，その歴史的背景が観光客にとって魅力的に映るものもあるよ。

建造物の候補・場所	観光客にとっての魅力
（例）富士高砂酒造	（例）江戸末期〜大正初期の建物で蔵の見学ができる。

advance　観光客向けにその観光名所をアピールする文章を考えよう。

Study 2　自分の住んでいる地域の歴史的建造物で販売する観光客向けの新たな土産物を考えよう。

観光客は，思い出に残るものやその地域の特色があるものを買いたくなるよ。

歴史的建造物	土産物	その土産物を考えた理由
（例）浅間大社	（例）浅間大社ノート	（例）御朱印帳として使ったり，訪れた日を記録したりするなど神社にゆかりがある土産をつくることでリピーターを呼び込ことができるから。

advance　考えた土産物について，具体的にパッケージや販売価格，販売場所なども考えよう。

Study 3

自分が住んでいる地域の特色を生かすための新たな施設をつくるとしたら，どのようなものがよいだろうか。施設とその内容，場所を考えよう。

地図はインターネットで調べたものを印刷して貼ってもいいね。

新たな施設	内容
（例）富士山博物館	（例）富士山の歴史や地域に与えた影響などをスクリーンや資料で説明する。

【地図】

advance　地図に基づいてグループごとに観光のモデルルートを考えて，クラスで発表しよう。

Case 事例 5 産業観光でインバウンド観光客を呼び込む

産業観光にはどんなものがある？

・真珠工芸品の展示
・海女の実演

ミキモト真珠島（ミキモト）

・工場内部の見学
・かまぼこ歴史館が併設

かまぼこ工場（宇部浦鉾）

・ドレスレンタル
・人形ファクトリー見学

リカちゃんキャッスル（タカラトミー）

岐阜県　愛知県　滋賀県　京都府　三重県　桑名市　奈良県　和歌山県

↑桑名市の位置

↑桑名市役所。産業観光ツアーの視察先の一つ。

1 トヨタ生産方式の視察に訪れる観光客

若者に人気の遊園地「ナガシマスパーランド」がある三重県桑名市は，**インバウンド観光客（訪日外国人観光客）**に密かな人気を集めている地域です。この地域には，企業や工場の視察を目的とする**産業観光（インダストリアル・ツーリズム）**によって，年間 3,000 人以上が訪れます。　5

2008 年頃から，トヨタ自動車系の部品メーカーであるエイベックス株式会社には，**工場視察**を目的とする人が海外から訪れるようになっていました。この背景には「トヨタ生産方式」への注目があります。しかし，工場の視察を終えると，桑名市には滞在せず，隣の愛知県や京都府，東京都や大阪府といった大都市に流れ，桑名市を観光してくれないという課題がありました。　15

2 10km 圏内をまわる産業観光ツアー

視察に訪れた観光客の桑名市での滞在時間を延ばすことを目

的として，2016 年に桑名市産業観光まちづくり協議会が立ち上げられ，同年 9 月には産業観光ツアーが開始されました。

　桑名市の産業観光には，3 つの特徴があります。1 つ目は 10km 圏内でコンパクトにツアーが提供されていることです。2 つ目は視察先が製造業の工場に限らないことです。イオンモール桑名（商業施設），柿安本店（料亭），百五銀行（金融業），さらに小学校なども視察することができます。技術だけではなく，経営理念やノウハウを伝える場にもしています。3 つ目は有料で視察を受け入れていることです。無料ではなくコスト分（10 ～ 15 万円程度）の視察料を受け取っています。

↑ 視察者に対する視察先の説明会

↑ 柿安本店の外観

3　産業観光の課題と展望

　桑名市産業観光まちづくりの取り組みは 2017 年に第 11 回産業観光まちづくり大賞の金賞に選ばれました。**アフターコロナ**に目を向け，「リモート産業観光」を有料で開始するなど新しい取り組みにも挑戦しています。

　ただし課題もあります。1 つは，観光で重要な**土産物（物販）**が無いことです。NASA の「ケネディ宇宙センター」は世界的に有名な産業観光のスポットですが，グッズが充実しています。観光につきものの土産物をつくることは，大きな収益につながります。

　もう 1 つは，産業観光が**まちづくり**に貢献することです。現状では，観光地の紹介はしていますが，視察先ルートに観光地は含まれていません。視察先同士をバス移動で点としてつなぐのではなく，移動する間の観光を充実させ，線にする必要があります。

↑ NASA の T シャツ

↑ ケネディ宇宙センター

Key Word

□インバウンド観光客　□訪日外国人観光客　□産業観光
□インダストリアル・ツーリズム　□工場視察　□アフターコロナ　□土産物　□物販　□まちづくり

日付記入欄　読んだらチェック！

	年	月	日

ワーク 5 産業観光でインバウンド観光客を呼び込む

Work ワーク 5

Study 1 海外から注目される日本の「すごい技術」を調べよう。

「世界が驚いた→ニッポン！ スゴーイデスネ視察団」という番組もあるよ。

企業・地域	技術	技術の特徴
（例）TOTO 北九州市	（例）ウォシュレット	（例）用を足した時の洗浄のために温水を発射するという，日本の企業が世界で初めて開発した技術。

advance 海外の「すごい技術」も調べてみよう。

Study 2 自分に身近な地域の企業をいくつかとりあげ，その企業を視察する内容とそこで購入する土産物を考えよう。

地元の名物や名産品をコラボさせると考えやすいよ。

企業名	視察内容	土産物
（例）テルモ	（例）医療機器製造の工場見学	（例）ドリンク専用温度計。お茶や紅茶などで最もおいしい温度を測定する専用の温度計。

advance 海外の工場など，自分が視察してみたい海外の産業があるか考えよう。

Study 3 高校の遠足で，産業観光をするとしたらどのような行程がよいだろうか。旅行プランを企画してみよう。

ご当地グルメやテーマパークなどを立ち寄る場所に入れてもいいかもね。

旅行先	見学する産業
（例）新潟県燕市	（例）刃物

≪行程≫

時間	場所

advance どんな土産物なら，遠足などで産業観光をする高校生が買ってくれるか考えよう。

広域観光には どんな特徴がある？

モデルコースや移動に関する 情報の充実

宿泊滞在しつつ色々な観光 スポットを効率的に回れる

人，食，伝統文化など あらゆる魅力を堪能

地域の様々な魅力を知ること ができる

おもてなしの心を共有

地元住民の絆が深まる

←清津峡渓谷トンネル
作品名：「Tunnel of Light」
作家名：マ・ヤンソン／ MAD アーキテクツ
撮影者：Nakamura Osamu

1 アートで観光客を呼び込む

新潟県の越後妻有地域で 2000 年から 3 年ごとに開催されている世界最大級の**国際芸術祭**が，「大地の芸術祭 越後妻有アートトリエンナーレ」です。アートで地域の魅力を引き出して発信し，地域と観光客との交流を深める事業としてスタートし，近年アートを活用し観光客を呼び込む**アートツーリズム**を展開しています。大地の芸術祭は，第 1 回（2000 年）は作品数 153 点，参加アーティスト 32 の国と地域 148 組，来場者約 16 万人でしたが，第 7 回（2018 年）は作品数 379 点，参加アーティスト 44 の国と地域 363 組，来場者約 55 万人となり，規模が拡大しています。

2　集落に点在する作品とサポーター制度

　大地の芸術祭には，次の４つの特徴があります。1
つ目は，アートの展示が公共施設に限らないことです。
空き家や**廃校**になった校舎など，地域にある資源を活
5　用した作品も数多くあります。2つ目は，アート作品
が約760km²に渡って点在していることです。その
おかげで，作品から作品へと移動する間に，妻有の自
然や文化を体験することになります。3つ目は，会期
外でも通年展示されている作品が多いことです。恒久
10　設置作品が200近くあり，さらに季節ごとの企画や
イベントが開催され，一年を通して楽しめます。最後
の４つ目は，「こへび隊」と呼ばれる地域内外の**サポ
ーター制度**があることです。こへび隊は，会期中の運
営サポートはもちろん，会期外の作品メンテナンスに
15　始まり，田植えや稲刈り，雪掘など地域住民との関わ
りを積極的に持ちます。

3　地域外の力を借りた内発的発展

　地域固有の資源（施設や伝統・文化など）をベースと
して，地域住民の主導によって進められる発展を**内発的
20　発展**といいます。その際，大地の芸術祭のように，地域
内外の協働が地域づくりの糸口になることがあります。
　ただし，こうした芸術祭が地域に根づくプロセスでは
課題もあります。1つは，アート作品の維持費が莫大に
かかってしまうことです。屋外に展示されているものも
25　多く雨風にさらされると劣化も早まります。また作品が
点在するため，管理・修繕が広域におよびます。もう1
つは，地元住民でも温度差があることです。観光客が増
えることで日常生活が崩される住民もおり，摩擦が起き
ないように配慮が必要です。

Key Word

□国際芸術祭　□アートツーリズム　□空き家　□廃校
□サポーター制度　□内発的発展

↑絵本と木の実の美術館
作品名：鉢＆田島征三　絵本と木の実の美術館
作家名：田島征三
撮影者：Akimoto Shigeru

↑雪花火
作品名：越後妻有 雪花火／ Gift for Frozen Village
作家名：髙橋匡太 (Gift for Frozen Village)
撮影者：Yanagi Ayumi

↑「こへび隊」を募集する広告

広域観光を実現した国際芸術祭

Study 1　日本で開催されている国際芸術祭を調べよう。

「国際芸術祭」で調べるとたくさんあるよ。

| 検索ワード例 🔍 | 国際芸術祭 |

芸術祭の名前	地域・会期	具体的な内容
（例）あいち 2022	（例）愛知 2022/7/30〜10/10	（例）まちなか会場を含めた広域の都市型芸術祭。

advance　なぜ国際芸術祭が多く開催されるのか考えよう。

Study
2

「アート」と聞くと，ハードルが高く感じる人たちも
います。気軽にアートツーリズムを体験してもらうた
めの課題と解決策を話し合おう。

何がアートで何がアートじ
ゃないのか，私たちが抱く
常識の範囲を広げてみよう。

課題	解決策
（例）「アート」の理解には予備知識が必要	（例）体験してからでも知識を得られるように工夫する。

advance　身近な地域でどのようなアートツーリズムが展開できるか考えよう。

Study
3

広域観光周遊ルートの例を調べ，主な観光資源やコン
セプト，特徴についてまとめよう。

広域観光周遊ルートの実施
主体がいくつかあるので，
見比べてみよう。

ルートの名前	主な観光資源	コンセプト・特徴
（例）五感で感じる沖縄の自然	（例）マングローブ群，海底遺跡（与那国島）	（例）亜熱帯の豊かな自然の恵みや神秘的な海を感じる旅。

advance　オリジナルの広域観光周遊ルートを作成してみよう。

世界農業遺産に認定された 能登の里山里海

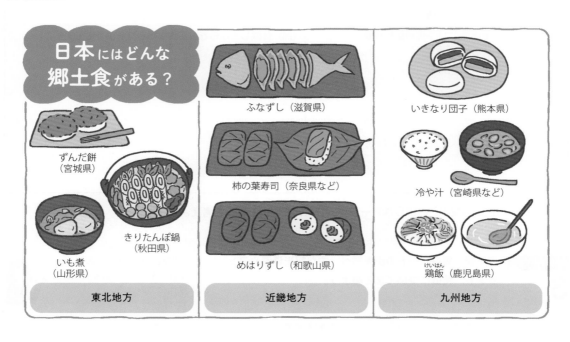

日本にはどんな郷土食がある？

ずんだ餅
（宮城県）

いも煮
（山形県）

きりたんぽ鍋
（秋田県）

東北地方

ふなずし（滋賀県）

柿の葉寿司（奈良県など）

めはりずし（和歌山県）

近畿地方

いきなり団子（熊本県）

冷や汁（宮崎県など）

鶏飯（鹿児島県）

九州地方

1 能登半島の豊かな里山と里海

2011 年，石川県能登半島に広がる**里山**と**里海**が，日本で初めて世界農業遺産の 1 つに選ばれました。里山と里海は，人間と自然が共存することによって，さまざまな資源が豊富な土壌が形成された土地と海です。 5

能登半島の内海に位置する能登島（七尾市）では，能登半島の里山と里海からとれる農産物や海産物を活かした，食文化を体験する観光が注目を集めています。飲食を主な目的として特定の地域に訪れる観光を**フードツーリズム**といいます。香川県がうどん県，鳥取県が蟹取県として PR していますが，これはフードツーリズムを呼び込もうという意図からです。 10

↑蟹取県の PR ロゴと松葉がに

↑→うどん県の PR ロゴと讃岐うどん

2 能登島の食文化を体験

　人口わずか約 3,000 人の能登島ですが，漁業のかたわら農業を営む半農半漁の暮らしが定着しており，漁業も農業も盛んです。能登島には，「豊かな」「よく成長した」「よく実った」という意味の「まあそい」という方言があります。

　漁業では，七尾湾で獲れる鰤や養殖されている牡蠣は全国的に有名です。農業では，能登米や能登野菜など，能登の名前を冠してブランド化されています。NOTO高農園では，300 種類の野菜がつくられ，有名レストランに提供されています。

　能登島には，能登産の食材にこだわった「サンスーシィ」という**オーベルジュ**があります。オーベルジュとはフランス語で，宿泊施設を伴ったレストランのことです。

↑ 寒鰤の水揚げ

3 スローツーリズムのすすめ

　フードツーリズムで世界的に有名なのは「ミシュランガイド」です。三つ星は，レストランを目的に旅行する価値がある料理を提供する店を意味します。また，日本では「B 級ご当地グルメ」と呼ばれる庶民的な食べ物の祭典「B-1 グランプリ」などが開催され，**ご当地グルメ**で町おこしをする取り組みが行われています。

　食に注目が集まった結果，観光客が増加することも少なくありません。しかし，観光客が多すぎると，海や山の自然に根ざした食材の採り過ぎが起きてしまいます。自然を酷使した結果，不作に陥ったり，生態系を壊して漁獲量が減ったりする可能性があります。

　そのため，**観光資源**の保護に気を配りながら旅をゆったり楽しむ**スローツーリズム**の浸透もかかせません。

↑ NOTO 高農園でとれた野菜

↑全国的に有名なご当地グルメである富士宮やきそば。イワシの削り粉をかけるなど，他の焼きそばとは異なる「12 か条」と呼ばれる特徴がある。

Key Word

□里山　□里海　□フードツーリズム　□オーベルジュ
□ご当地グルメ　□観光資源　□スローツーリズム

日付記入欄　読んだらチェック！
✓
　　年　　　　　月　　　　　日

Work ワーク 7 世界農業遺産に認定された 能登の里山里海

Study 1　日本のさまざまな地域の名前がついた食品のブランドについて調べよう。

地名のついた野菜や海産物が，いろいろあるよね。

検索ワード例 🔍	ブランド野菜　ブランド水産物

地域	ブランド（食品）	特徴
（例）北海道夕張市	（例）夕張メロン	（例）完全共撰体制による厳格な品質管理

advance　身近な食品スーパーに地名のついた食品が無いか調べよう。

Study 2　観光で立ち寄ったり，テレビの旅行番組などで取り上げられていたりした，美味しい食べ物を紹介し合おう。

北海道でスープカレー，仙台で牛タン，名古屋で味噌カツ，広島でお好み焼き，福岡でラーメンなど，旅行先の思い出を振り返ろう。

旅行先	食べ物	思い出・感想
（例）沖縄	（例）にんじんしりしり	（例）テレビで見て面白い名前で印象に残り，家で作ってみた。

advance　「食」を主な目的としたフードツーリズムをした経験があれば共有しよう。

Study 3　地元の名物料理（ご当地グルメ）を目玉にした観光プランを立ててみよう。

香川には「うどんタクシー」など, 点在するうどん店をまわることができるサービスがあるよ。

プラン名	ご当地グルメ	店名・メニュー名
（例）スープカレーを食べ尽くせ！札幌カレー紀行	（例）スープカレー	（例）GARAKU「やわらかチキンレッグ」

日程
（例）札幌駅（レンタカー）→まずは行列店から「GARAKU」に並んで「やわらかチキンレッグ」をトッピング→

advance　あまり知られていない身近な地域のご当地グルメを発掘してみよう。

「電車を止めるな！」鉄道会社のチャレンジ

鉄道ファンにはどんなタイプがある？

列車に乗ることを楽しむ
乗り鉄

列車を撮影して楽しむ
撮り鉄

時刻表を読んで楽しむ
スジ鉄

↑ワーケーションプランは，平日は2,000円，休日は2,300円で電車が乗り放題（上）。（下）は菜の花畑を走るいすみ鉄道。

←いすみ鉄道
「キハ52，キハ28の1日」

1 電車でワーケーション

　外出自粛に加え，**リモートワーク**が普及した結果，2020年の鉄道各社の収益は歴史的な落ち込みとなりました。とりわけ厳しい状況にあるのが，地方の**第三セクター**の鉄道です。第三セクターとは地方自治体と民間企業が共同で出資する企業形態であり，従来から経営状況の厳しい企業が多いと指摘されていました。

　千葉県のいすみ鉄道は，厳しい経営状況の中でも，果敢なチャレンジによって鉄道需要の回復を目指す第三セクターの鉄道です。リモートワークの普及を逆手にとって，電車内や駅舎で仕事ができるワッペン・ワーケーション列車を開始しました。**ワーケーション**とは，ワーク（Work）とバケーション（Vacation）を組み合わせた言葉で，「働きながら余暇を楽しむ」という意味です。

　料金を支払うと，電車が乗り放題になるのに加え，優先的に着席できるワッペンがもらえ，高セキュリティ Wi-Fi も利用できるようになります。利用者は，車窓から風光明媚な景色を楽しみながら，仕事をすることができます。

2 夜景と踏切音でファンの心をつかむ

　静岡県富士市を走る全長 9.2km の岳南電車も，サービスのユニークさでは負けていません。その一つが夜景電車です。定期的に，2 両編成のうちの 1 両の車内灯を
5 消して列車を運行しており，「日本一暗い夜景」を売りにしています。暗闇の中，耳を澄まして踏切音の違いを楽しむといったマニアックな取り組みが好評です。さらに，電車で一夜を明かすナイトステイホームという企画も，鉄道ファンの心をつかんでいます。

↑夜景電車は日本夜景遺産に認定されている。

3 鉄道事業者の今後の展開

10 　今後，第三セクターを中心とする鉄道事業者が収益を改善するためには，①新規顧客の開拓，②顧客単価❶の向上，③収益源の多様化の 3 つが重要です。

(1)新規顧客の開拓…新規顧客の開拓の例には，岳南電車
15 の夜景電車のほか，千葉県銚子市の銚子電鉄が製作した映画『電車を止めるな！』があります。このようなユニークな企画は，SNS などで情報が拡散されやすく，鉄道ファン以外の人々にも興味を持たれるきっかけとなります。

20 **(2)顧客単価の向上**…顧客単価の向上をねらった代表的な取り組みが観光列車です。ただし，近年では全国各地で観光列車が運行しているため，鉄道の運行地域ならではの観光資源（食文化や風景など）を生かし，他にはない独自の価値を提供することが重要です。

25 **(3)収益源の多様化**…収益源の多様化に関しては，グッズ販売などが挙げられます。最近では，第三セクターの鉄道 40 社が共同で実施した鉄印帳が例としてあります。

❶顧客単価とは，一人のお客さんが一度に支払う金額のことです。

↑←「電車を止めるな！」
ポスター画像（上）と予告動画（下）

Key Word
□リモートワーク　□第三セクター　□ワーケーション
□SNS　□観光列車　□観光資源

日付記入欄　読んだらチェック！
✓
年	月	日

「電車を止めるな！」
鉄道会社のチャレンジ

Study 1　日本では，どのような観光列車が運行しているか調べよう。

例えば，「観光列車　地域名」で検索するとみつけることができるよ。

検索ワード例 🔍	観光列車＋地域名

列車名	観光列車の特色
（例）ななつ星 in 九州	（例）国内の観光列車人気の火付け役である。豪華な列車で，最上級のもてなしを受けながら九州を周遊できる。

advance　グループ内で事前に担当地域を決めておいて，メンバーが調べてきた事例を教え合おう。

Study 2　ワーケーションなどの新しい旅行スタイルについて，その概要と事例を調べよう。

例えば，「ワーケーション事例」のように検索するとみつけることができるよ。

検索ワード例 🔍	ワーケーション＋事例

新しい旅行スタイル	概要	事例
ワーケーション	観光地などで働きながら休暇をとる過ごし方	廃校になった校舎をリノベーションした施設でワーケーションできるプランがある（千葉県南房総市白浜町，東京都奥多摩町など）

新しい旅行スタイル	概要	事例
ブリージャー		
ステイケーション		

advance ワーケーションなど，新しい旅行スタイルを普及させるにはどうしたらよいか考えよう。

Study 3 第三セクターの鉄道会社の経営者になったつもりで，話題になりそうなプランを考えよう。

ターゲットを具体的に考えると，プランのアイデアが浮かぶかもしれないよ！

プラン名	（例）カップルトレイン	
ターゲット（顧客）	（例）付き合いたての高校生カップル	
ターゲットのニーズ	（例）すぐに別れないか心配	
プランの概要	（例）電車の車体にカップル名前を書いて，1週間ぐらい走らせるサービス。江ノ島の恋人の丘のように，車体にカップルの名前を書いて走らせると，長続きするという願掛けスポットにする。	

advance 作成したプランを全体で発表して，最も人気のあるプランを決めよう。

街全体をホテルに！

分散型ホテルにはどんな魅力がある？

その土地の住人になったかのように過ごせる

地元住民の日常生活を体感

地元住民が利用する店や施設に訪れやすい

地元住民と深く交流

〇〇町へようこそ。

△△亭がおすすめですよ。

地元住民同士の結束力が強くなる

街全体でおもてなし

1 地域の魅力を丸ごと楽しむセカイホテル

　大阪府にあるセカイホテルは，街中にある空き家や空き店舗を宿泊施設にリノベーションし，顧客に提供しています。一般的なホテルや旅館とは異なり，客室が地域に点在するユニークなホテルです。 5

　セカイホテルは「Ordinary（日常）」というコンセプトを掲げています。宿泊客には，近所の飲食店で食事をしたり，銭湯を利用したりしてもらい，あたかもその地域に暮らしているかのような日常体験を楽しんでもらおうとしています。宿泊客が地域とより深く関わるための工夫も充実しています。例えば，「セカイパス」と呼ばれる地域の店で利用可能なクーポンを発行したり，地域の工場と連 10
携し，ものづくりの体験ができるプランを提供したりしています。

↑商店街の喫茶店の朝ごはんの例（池田屋珈琲）

↑東大阪市の町工場で制作したオリジナルのバイクキットを組み立てる様子

空き家をリノベーションしたホテルの外観（左）と内観（右）→

2 分散型ホテルとは

　セカイホテルのように，地域に点在する空き家を宿泊施設に改装し，ホテルとして活用するのが**分散型ホテル**です。分散型ホテルの発祥は 1980 年代のイタリアです。
5　地震によって空き家が増え，活気を失いつつあった農村の復興策として試みられたのが始まりでした。現地では，**アルベルゴ・ディフーゾ（AD）**と呼ばれています。日本でも，2018 年の旅館業法改正以降❶，**まちやど**の名で分散型ホテルが増加しています。

10　分散型ホテルの独自性は，街全体をホテルに見立てるという発想にあります。セカイホテルのように，地域に元からある飲食店や小売店なども一体となって観光客をもてなすという発想の転換がユニークなのです。

3 分散型ホテルへの期待と今後の課題

15　近年，観光地に**オーセンティシティ**（本物感）を求める観光客が増えています。観光名所を巡るばかりでなく，現地の人々の日常の暮らしを体験したいというニーズが高まっています。地域と交流する多くの機会を観光客に提供する分散型ホテルは，こうしたニーズに応えるサービスです。
20　また，分散型ホテルは，**地域活性化**にも貢献できる可能性があります。例えば，セカイホテルの開業によって外国人観光客が増え，地域経済に良い影響を与えることが考えられます。観光名所がない場所にも誘客できるのが，分散型ホテルの強みです。
　一方で，地域に分散型ホテルがある場合には，飲食店な
25　ど分散型ホテル以外の企業が提供するサービスが組み合わさり，宿泊客の満足度が形成されます。そのため，地域の店に観光客への理解を深めてもらい，良質なサービスを提供してもらう協力体制を整えることが課題の一つです。

Key Word
□リノベーション　□ものづくり　□分散型ホテル　□アルベルゴ・ディフーゾ　□AD　□まちやど　□オーセンティシティ　□地域活性化

▼従来のホテル・旅館（上）と分散型ホテル（下）

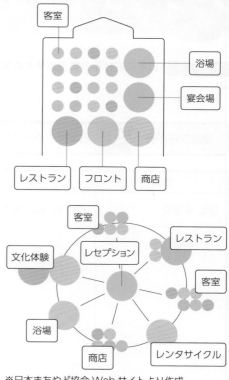

※日本まちやど協会 Web サイトより作成。

❶旅館業法の改正によって，宿泊施設が用意しなければならない最低客室数（ホテルが 10 室，旅館が 5 室）が撤廃され，一定の条件を満たせばフロントを設置しないことも認められるようになりました。

↑観光客と現地の人の触れ合い

日付記入欄　読んだらチェック！

| ✓ | 年 | 月 | 日 |

Work ワーク 9 街全体をホテルに！

Study 1

日本における分散型ホテルの事例について調べよう。

「分散型ホテル　東北」のように地域名と一緒に検索してみよう。

検索ワード例 🔍	日本まちやど協会　分散型ホテル＋地域名

企業	地域	宿泊施設の概要
（例）矢掛屋	（例）岡山県矢掛町	（例）古民家に宿泊し，江戸時代の宿場町の風情を感じられる街の散策を楽しむことができる。

advance グループ内で事前に担当地域を決めておいて，メンバーが調べてきた事例を教え合おう。

Study 2

分散型ホテルと従来のホテルや旅館，それぞれの強みと弱みを考えてみよう。

経営者の視点，顧客の視点，両方から考えてみよう！

	強み	弱み
分散型ホテル	（例）ホテルが自前で設備を用意しなくて済み，費用を安く抑えられる可能性がある。	（例）お客さんは食事などのたびに出かける必要があり，面倒なこともある。

	強み	弱み
従来の ホテルや旅館		

advance 地域のお店からの協力を得るために，分散型ホテルはどのような取り組みをするとよいか考えよう。

Study
3 あなたの身近な街を舞台にした分散型ホテルの展開プランを考えてみよう。

身近な街の隠れた見どころを考えるところから始めよう。

ホテル名	（例）セカイホテル
営業地域	（例）大阪府東大阪市
地域の見どころ	（例）昔ながらの商店街にあるレトロな喫茶店や家族経営の商店，小規模ながら高度な技術を誇る町工場。
分散型ホテルならではのプラン	（例）「セカイパス」を発行し，宿泊客に地域の店をたくさん周遊してもらう。現地の生活に溶け込むオーセンティックな（本物感のある）体験を提供することで，宿泊客の満足度を高め，クチコミ発信や地域への再来訪を促す。

advance 作成したプランを全体で発表して，最も人気のあるプランを決めよう。

方言には
どんなものがある？

まめしぐちゃな
（お元気ですか）

津軽弁

じきに
もんでこんすほん
（じきに帰ってくるよ）

近江弁

ぼっけえきょうてえ
（とても怖いよ）

岡山弁

←県人度判定アプリ

↑方言に関する6つの質問に答えるだけで，県人度を判定できる。質問画面（左）と判定画面（右）。東京女子大学篠崎ゼミ×ジャパンナレッジ

1 方言を活用した地域活性化

　東京女子大学の篠崎教授のゼミは，**方言**の使用状況によって地域への愛着の点数化を試みるアプリ「県人度判定」を開発しました。

　人々が用いる言葉は，その地域らしさを表すと考えられるため，**地域活性化**においても方言を活用した取り組みが行われています。 5

　島根大学の学生は，県内を走るトロッコ観光列車「奥出雲おろち号」で廃れつつある出雲弁のアナウンスにチャレンジしました。ほかにも，沖縄で子どもたちに大人気のテレビ番組「琉神マブヤー」では，沖縄方言（ウチナーグチ）が多用されています。子どもたちは，番組を楽しみながら自然とウチナーグチを学び，郷土愛を深め 10 られます。

琉神マブヤーの番組（左）と
出張サプライズ企画（右）→

©MP・SSLIVE

2 旅先で触れる方言

　方言は**観光ビジネス**においても活用され
ています。星野リゾートが青森県で運営す
る旅館である青森屋では，青森の方言であ
5　る津軽弁，南部弁，下北弁を青森固有の特
徴と考え，方言による接客を取り入れまし
た。方言で接客された観光客は，青森らし
さを強く感じることができ，旅行に来たと
いうワクワク感も高まることでしょう。

↑方言を聞ける青森屋のサービス「のれそれ方言 Navi」

3 多言語対応の重要性

10　　観光の場面では**多言語対応**も重要です。
2018〜2019 年にかけて観光庁が**訪日外
国人観光客**を対象に実施した調査によると，
日本滞在において困ったことの第 1 位は
15　「施設などのスタッフとのコミュニケーシ
ョンがとれない」ことでした。英語や中国
語などの簡単な日常会話のトレーニングに
加えて，**ポケトーク**などの AI 翻訳機の活
用によってコミュニケーションを円滑化す
20　る工夫が重要です。

　　多言語対応とともに注目されているのが
ピクトグラムです。ピクトグラムとは，情
報を表すために用いられる絵文字です。フ
ードピクトは，料理に用いられている原料
25　をわかりやすく表したピクトグラムを開発
しました。訪日外国人観光客が宗教上禁じ
られた食物やアレルギー反応の出る食物を
誤って口にしないようにするために役立っ
ています。

←ポケトークを
用いた会話

牛 Beef	豚 Pork	鶏 Chicken	羊 Lamb	魚 Fish
貝 Shellfish	アルコール Alcohol	かに Crab	えび Shrimp	落花生 Peanut
卵 Eggs	小麦 Wheat	そば Buckwheat	乳 Dairy	

The original takoyaki

↑フードピクト（上）と活用例（下）
フードピクトは株式会社フードピクトの登録商標です。
FOODPICT © INTERNASHOKUNAL & NDC Graphics

Key Word

☐方言　☐地域活性化　☐観光ビジネス　☐多言語対応
☐訪日外国人観光客　☐ピクトグラム

日付記入欄　読んだらチェック！			
✓	年	月	日

Work ワーク 10 言葉で地域を元気に！

Study 1 方言を活用している商品や観光地を探してみよう。

> テレビ番組名などにも方言が使われているかもしれないよ！TVerなどで調べよう。

検索ワード例 🔍	方言

商品・観光地	概要
（例）ICOCA（関西），SUGOCA（九州）など	（例）JRが発行しているIC乗車カード。地域によって名前が異なる。

advance グループ内で事前に担当地域を決めておいて，メンバーが調べてきた事例を教え合おう。

Study 2 皆さんの身近にある多言語表記の標識や案内板を探してみよう。見つからない場合は，どこにあると良いか考えよう。

> 街中にある地図や駅の路線図，公共施設の案内板・注意書などいろいろ探してみよう。

場所	内容
	（実際に見つけた・あると良い）
	（実際に見つけた・あると良い）

advance 多言語放送が行われている場所も調べよう。

Study 3

皆さんの学校の施設・設備のピクトグラムをデザインしてみよう。

「ヒューマンピクトグラム2.0」という Web サイトが参考になるよ。

施設・設備	(例) 音楽室
ピクトグラム	(例)

施設・設備		
ピクトグラム		

施設・設備		
ピクトグラム		

施設・設備		
ピクトグラム		

advance 作成したピクトグラムを学校に掲示して，人気投票をしてみよう。

地域の自然や文化と深く交わる新たな観光

アドベンチャーツーリズムの三大要素って何？

森や湖，河，海，山など		伝説や伝承，芸能など
自然	シーカヤック / ラフティング / トレッキング / **アクティビティ**	**文化体験**

1 北海道の自然とアイヌの文化を体感する新しい観光

　北海道釧路市の阿寒湖周辺では，阿寒 DMO のリーダーシップのもと，アイヌ文化と北海道の大自然とを組み合わせた新しい観光体験を提供する試みが始まっています。その一つが KAMUY LUMINA（カムイルミナ）という**体験型アクティビティ**です。暗闇の森の遊歩道を進む中で，アイヌ神話の世界を表現したデジタルアートを堪能できるナイトウォーキングを体験するアクティビティです。2019 年 7 月のオープンから 1 か月強で 1 万人の観光客がカムイルミナのために訪れました。カムイルミナの実施場所の近くには，アイヌ舞踊を観賞できる阿寒湖アイヌシアターなど，さまざまな体験型施設が揃うアイヌコタンもあり，北海道の自然とアイヌ文化の両方を満喫することができます。

5

10

15

←カムイルミナの各場面　©MOMENT FACTORY
守り神(上)，使者(中)，警告(下)

2 アドベンチャーツーリズムとは

　　アドベンチャーツーリズムとは,「自然, アクティビティ, 文化体験の3要素のうち, 2つ以上で構成される旅行」 (Adventure Travel Trade Association　以下, ATTA) です。阿寒湖畔の自然とアイヌ文化とが融合した**カムイルミナ**は, アドベンチャーツーリズムの好例です。

　　アドベンチャーツーリズムの参加者は, 教育水準が高く, 富裕層が多いと言われています (日本アドベンチャーツーリズム協議会;ATTA 2017)。さらに, 観光地に長期間滞在する傾向があるため, 消費額が多く, 観光地に大きな経済効果をもたらすことが期待できます。

↑サイクリング(上), 阿寒湖ワカサギ釣り(下)

3 ウィズコロナにおける観光の展望

　　新型コロナウイルスの感染予防のために, 観光業は安心・安全な観光ができることをアピールする必要があります。大自然を舞台とするアドベンチャーツーリズムは, いわゆる**3密**を避けられることから, **ウィズコロナ**における有望な観光形態です。

　　さらに, 本格的な観光再開を見据えた場合にも, アドベンチャーツーリズムは重要な示唆をもたらしてくれます。「コロナ前」には, 世界中で**オーバーツーリズム**❷(観光公害)が問題になっていました。日本でも, 訪日外国人観光客などの急増に対応が間に合わず, 交通渋滞が起きて観光地の住民の生活が不便になったり, 自然環境が損なわれたりした地域がありました。今後同じ問題に陥らないためには, 誘致したい観光客を絞り込む**ターゲティング**の発想が重要です。アドベンチャーツーリズムの参加者の多くは, 教養が高く, 地域の文化を尊重し, 消費意欲も旺盛な優良顧客です。やみくもに誘客するのではなく, 優良顧客に絞ることで, オーバーツーリズムを回避しつつ, 地域経済を潤すことが期待できます。

❶3つの密 (密閉・密集・密接) のことです。

❷オーバーツーリズムとは,「特定の観光地において, 訪問客の著しい増加等が, 地域住民の生活や自然環境, 景観等に対して受忍限度を超える負の影響をもたらしたり, 観光客の満足度を著しく低下させるような状況」(JTB総合研究所) です。

Key Word

□体験型アクティビティ　□アドベンチャーツーリズム
□新型コロナウイルス　□3密　□ウィズコロナ　□オーバーツーリズム　□ターゲティング

日付記入欄　読んだらチェック!
✓
年　　　　月　　　　日

地域の自然や文化と深く交わる 新たな観光

Study 1 アドベンチャーツーリズム以外の「○○ツーリズム」には，どのようなものがあるか調べよう。

「○○ツーリズム」あるいは「ニューツーリズム」というキーワードで検索してみよう。

検索ワード例 🔍	○○ツーリズム　ニューツーリズム

名称	ツーリズムの概要
（例）サステナブル・ツーリズム	（例）観光地の環境・経済・社会に配慮した持続可能な観光のこと。日本では釜石市の事例が知られている。

advance グループで調べた結果を共有してみよう。

Study 2 オーバーツーリズムによって生じる次のような問題について，どのように対処していけばよいか，実施されている例をもとに考えよう。

「オーバーツーリズム」や「観光公害　対策」といったキーワードを調べてみよう。

問題	どのように対処をしたらよいか
電車の混雑	（例）「江ノ電沿線住民等証明書」のように，沿線住民の優先乗車を認める。
ごみのポイ捨て	
混雑・渋滞	
環境破壊・文化財等の破損	

advance グループ内で事前に担当地域を決めておいて，メンバーが調べてきた事例を教え合おう。

Study 3 身近な地域で実施できる「○○ツーリズム」のプランを考えよう。

 身近な地域の一番の強みは何だろう？ 「食」「自然」「文化」「スポーツ」…？

プラン名	（例）八王子市のフードツーリズム
プランの概要 （対象とする地域の見どころ・スポット）	（例）八王子には知られざるグルメスポットがたくさんあるので，次のようなスポットを巡るフードツーリズムを企画した。 ・八王子ラーメン発祥の店（タンタン） ・都会近郊の牧場（磯村ミルクファーム） ・八王子の高級料理店（うかい鳥山）
ターゲットとする顧客	（例）20〜30代カップル，ファミリー
プランのキャッチフレーズ	（例）行列ラーメンから高級炭火焼きまで　八王子を食べつくそう！　牧場しぼりたて絶品ミルクもあるよ

advance 作成したプランを全体で発表して，最も人気のあるプランを決めよう。

逆転の発想で安全性と技術力をアピール

観光ビジネスに影響を与える外部環境って何？

感染症の拡大
（社会的要因）

為替相場変動
（経済的要因）

経済危機の発生
（経済的要因）

円安

円高

↑はとバスの巨大迷路。

←バスの換気性能のデモンストレーション。車内の空気は約5分間ですべて入れ替わる。

1 はとバスの巨大迷路

　はとバスは，都内観光を中心に魅力的なバスツアーを提供する旅行事業者です。黄色の車体に「HATO BUS」の赤文字が入ったバスに見覚えのある人も少なくないでしょう。

　他の旅行事業者と同じく，はとバスも新型コロナウイルスの感染拡大を受けて，営業活動に支障が出ていました。はとバスの車庫には，稼働していないたくさんのバスが止まっていましたが，この状況を逆手にとって企画されたのが「バス60台を使った巨大迷路体験ツアー」です。発想の面白さが受け，SNSを中心に話題となりました。バスとバスの間隔が20cmしかない部分もあり，図らずも運転手の技術力の高さが再評価される機会になりました。ツアーでは，バスの換気性能をアピールするデモンストレーションも併せて実施し，バス旅行の安全性を認識してもらうことにも成功しました。

2 観光ビジネスへの外部環境の影響

　　観光ビジネスは，外部環境の影響を受けやすい業種です。外部環境には，政治的要因，経済的要因，社会的要因，技術的要因などがあります。例えば，新型コ
5　ロナウイルスの感染拡大という社会的要因によって，2020 年 4 月の訪日外国人観光客数は約 2,900 人と前年同月比で 99.9％のマイナスとなりました。また，2019 年 9 月には韓国との政治的対立の激化によって，訪日韓国人観光客数が前年比で 58％減となりました。
10　観光ビジネスが安定した収益を上げるためには，外部環境の動向をチェックし，どういった要因が観光ビジネスに影響し得るかを理解することが不可欠です。

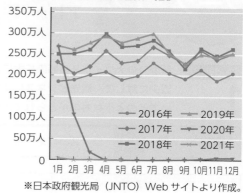

▼月別の訪日外国人観光客数の推移

凡例:
- 2016年
- 2017年
- 2018年
- 2019年
- 2020年
- 2021年

※日本政府観光局（JNTO）Web サイトより作成。

↑上越観光コンベンション協会は，地元の上越市民をターゲットにマイクロツーリズムを展開している。

3 ウィズコロナにおける観光の展望

　　新型コロナウイルスの感染対策の必要性から，観光ビジネスはこ
15　れまでとは異なる発想で難局を乗り切らなければなりません。一つの有力な方法が**マイクロツーリズム**の推進です。マイクロツーリズムは，自宅から 1～2 時間程度で行ける範囲を旅する観光形態です。移動時間が短いことから感染リスクを避け，地域の魅力を再発見する機会にもなります。星野リゾートによる発案後，全国各地の旅行
20　会社や自治体に広まっています。

　　また，**バーチャルツーリズム（オンライン旅行）**に活路を見出す企業も出てきています。例えば，日本航空は旅行先の特産品を自宅に送り，
25　それを味わいながらオンラインで現地の案内が楽しめるサービスを提供しています。

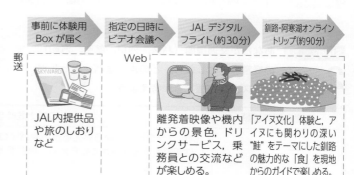

事前に体験用 Box が届く（郵送）→ 指定の日時にビデオ会議へ（Web）→ JAL デジタルフライト（約30分）→ 釧路・阿寒湖オンライントリップ（約90分）

JAL内提供品や旅のしおりなど

離発着映像や機内からの景色，ドリンクサービス，乗務員との交流などが楽しめる。

「アイヌ文化」体験と，アイヌにも関わりの深い"鮭"をテーマにした釧路の魅力的な「食」を現地からのガイドで楽しめる。

※JAL Web サイトより作成（2021 年 7 月時点）。

Key Word
□新型コロナウイルス　□観光ビジネス　□マイクロツーリズム　□バーチャルツーリズム　□オンライン旅行

日付記入欄　読んだらチェック！
年　　月　　日

Work ワーク 12 逆転の発想で安全性と技術力をアピール

Study 1

新型コロナウイルスの感染拡大による観光客の減少に対して，観光ビジネスに関する企業においてどのような対応がとられてきたか調べよう。

企業の Web サイトのニュースリリースを見てもいいね。コロナ禍における取り組みがわかるよ。

検索ワード例 🔍	ウィズコロナ ＋（新たな観光，○○の取り組み）

企業	どのような対応が取られてきたか
（例）WhyKumano（ホテル，和歌山県那智勝浦）	（例）オンライン宿泊というユニークなサービスが提供された。利用者は，Web 会議システムを利用して現地の観光スポットを案内してもらったり，他の「宿泊者」とのオンライン食事会に参加したりすることのできるサービスである。

advance グループ内で担当の業種（宿泊業，飲食業，旅行業など）を決めて，調べた内容を共有しよう。

Study 2

あなたが交通機関（バス，列車，航空，汽船）の経営者だとしたら，どのようなバーチャルツーリズムを企画するか考えよう。

バーチャルツーリズムは，旅行に行けなかった人にとって良いサービスになるかもね。

交通機関の種類	コロナ危機を乗り切る工夫
（例）航空	（例）コックピットから見える景色やパイロットと客室乗務員しか立ち入ることのできない休憩部屋などを見せてもらえる，秘密感満載のオンラインツアーを企画する。

advance バーチャルツーリズムの参加者を退屈させないための工夫を考えよう。

遠方への研修旅行や修学旅行の代わりに，どのような企画を実施すれば，生徒が楽しむことができ，学ぶこともできるか考えよう。

県内や近隣県の魅力を再発見してもいいね。バーチャル企画や日帰りプランなども考えられるね。

企画名	（例）環境問題を考えるツアー
実施地域	（例）△△市周辺
企画の概要	（例）専用貸し切り電車で△△駅まで行く。（車内でレクリエーション） △△駅からバスで○○工場と××工場を訪れて，工場で行われている環境対策について学ぶ。バスで周辺の観光地を巡る。●●ホテルに宿泊。○○川周辺をごみ拾いしながらハイキング。●●山で植林体験。エコファームで季節のフルーツ狩り。
お勧めポイント	（例）通学車両が貸し切り電車になる。貸し切り電車やバスで学校外の人に迷惑をかけずにレクリエーションができる。 一般公開していない工場見学ができる。 ごみ拾いハイキングや植林体験で，楽しみながら主体的に環境問題に取り組める。

advance 作成したプランを全体で発表して，最も人気のあるプランを決めよう。

Case 事例 13　旅行したい人と地域の課題を マッチング

宿泊業者が
手伝って欲しい仕事
って何？

客室の清掃　　　　　料理の配膳　　　　　フロント接客

1　漁師の仕事をお手伝い

　日本の**水産業**は危機的な状況にあります。漁師の数は平成の30
年間で6割減少し，現役漁師の4割が65歳以上と高齢化も進んで　　5
います。こうしたピンチを打開しようと活動する企業が宮城県石巻
市のフィッシャーマン・ジャパンです。水産業を「カッコいい，稼
げる，革新的」（新3K）にすることを目標に，水産業の担い手育
成事業と水産物販売事業を手がけています。

　水産業に関心を寄せる若者はいるものの，実際にその仕事に触れ　　10
られる機会はそう多くありません。そこで，フィッシャーマン・ジ
ャパンは，水産業に関心を持つ全国の若者と担い手不足に悩む漁師
を繋げる事業から，さらに幅を広げて，期間限定で漁師の仕事を手
伝ってもらうという取り組みを企画しました。この企画において，
フィッシャーマン・ジャパンと全国の若者が出会うきっかけをつく　　15
ったのがおてつたびという企業です。

↑フィッシャーマン・ジャパンの
仕事

2 おてつたびのビジネス・システム

東京都渋谷区のおてつたびは，2018年に創業した**スタートアップ企業**です。その**ビジネス・システム❶**は，短期的に人手が必要な事業者（宿泊業者や農林水産業者など）と地方に旅行をしたい人々とをマッチングさせる**プラットフォーム❷**の運営です。事業者は，おてつたびのWebサイトに手伝ってほしい仕事内容と報酬を登録します。利用者は，登録されているプランから好きなものを選ぶようになっています。プランの期間は3日間〜1週間程度が中心です。

旅館や農家に無料で泊めてもらえることが多く，滞在中には地域を観光する時間も設けられています。したがって，利用者にとっては，旅費を軽減して，安い費用で地方を旅行できるというメリットがあります。おてつたびは，事業者からマッチングの手数料を受け取ることで収益を立てています。

▼おてつたびのビジネス・システム

利用者

交通費削減

スキル活用

地域との交流

地域のお手伝い

おてつたび

報酬・寝床・食事

事業者

人手不足解消

魅力再発見

関係人口増加

※おてつたびWebサイトより作成。(2021年時点)

3 関係人口の増加を通じた地域活性化

おてつたびの利用者がお手伝いに行った地域にプライベートで再訪問する割合は6割にもなるといいます。人口の**東京一極集中**により，事業の後継者が不足するなど，活力が低下している地域が少なくありません。おてつたびは，地域の**関係人口❸**の増加を通じて，地域活性化に貢献しているのです。

Key Word

□水産業 □スタートアップ企業 □ビジネス・システム
□プラットフォーム □東京一極集中 □関係人口

❶ビジネスによる収益を持続的に得るための仕組みのことです。

❷主に，インターネットを通じたサービスを取引する「場」のことです。

▼おてつたびのプラン例

新潟県
100年以上の歴史ある老舗旅館でお手伝いしませんか？毎日温泉入り放題！
2021年8月5日〜2021年8月24日 他

熊本県
熊本県から心をこめて全国へ！
お花農家さんで出荷のお手伝い！
2021年10月1日〜2021年10月9日

❸移住した「定住人口」でもなく，観光に来た「交流人口」でもない，地域や地域の人々と多様に関わる人々のことです（総務省）。

日付記入欄 読んだらチェック！
✓
年 月 日

ワーク 13 旅行したい人と地域の課題をマッチング

Work ワーク 13

Study 1

おてつたびには，どのようなプランがあるか調べよう。

> 「おてつたび」と検索して，Webサイトをのぞいてみよう。

検索ワード例 🔍	おてつたび

お手伝いする場所	お手伝いの内容と観光などの特典
（例）北海道紋別市の紋別プリンスホテル	（例）食事会場での配膳，給仕，片付け。宿泊場所は，社長または会長の自宅。滞在中に1日，紋別の流氷観光（ガリンコ号，オホーツクタワーなど）を楽しめる日が設けられている。

advance どのような業種からの依頼が多いか，グループで話し合って確認してみよう。

Study 2

おてつたびの募集ページに記載されている情報を整理して，応募者を増やすために追加したほうがよい情報がないか考えよう。

> 実際におてつたびに応募するとしたら，事前にどのような情報があれば安心できるかな。

募集ページに記載されている情報
（例）お手伝い内容，宿泊施設

Webサイトに追加したほうがよい情報
（例）仕事をするのに必要なスキルの一覧（PCができることなど）

advance おてつたびの応募者が気をつけるべき点はどんなことか考えよう。

| Study 3 | 身近な地域にある企業を1つ取り上げて，その企業の役に立ちそうな「おてつたびプラン」を考えよう。 | 身近な地域にどのような企業・産業があるのかをよく調べることが大事だね。 |

企業・地域	（例）○○茶屋（飲食店）・千葉県成田市
企業の課題	（例）初詣に来るお客さんで混雑し，普段雇っているアルバイトだけでは人手不足になる。
お手伝いの内容	（例）お客さんの席案内やお会計，片付けなどを手伝って欲しい。
観光などの特典	（例）初日の出を見ることのできる最高のスポットに案内し，店自慢のお雑煮をご馳走する。空き時間には，成田山新勝寺に初詣に出かけることもできる。

advance 作成したプランをクラス全体で発表しよう。

キャンプはどんな場所でするの？

| 林間 | 湖畔 | 海 |

❶ソロキャンプは，2020年の新語・流行語大賞トップ10に選出されるほど人気を集めています。

❷グランピングとは，グラマラスとキャンピングを合わせた造語で，「魅惑的なキャンプ」といった意味です。（下の写真は「GLAMP MARE 淡路」）

↓『ゆるキャン△』とコラボした地方自治体のWebサイト。山梨県（左）と静岡県（右）。

1 若者にキャンプの魅力を伝える「ゆるキャン△」

近年，若者の間でキャンプがブームです。一人でまったりと楽しむ**ソロキャンプ**❶やおしゃれで快適な**グランピング**❷など，さまざまなスタイルのキャンプが親しまれています。 5

若者世代におけるキャンプブームの一翼を担っているのが『ゆるキャン△』（原作：あfろ）という漫画・アニメ・ドラマです。山梨県や静岡県を舞台にゆったりとキャンプを楽しむ女子高生の日常を描いた物語で，多くのファンを獲得しています。物語にはキャンプ場や神社，温泉などさまざまなスポットが登場します。『ゆるキャン△』のファンにとっては，それらのモデルとなった場所を訪れることも楽しみの一つです。そこで，山梨県や静岡県はアニメとコラボし，舞台となったスポットを紹介するマップや周辺の観光情報を紹介するWebサイトを制作しました。これにより，地域に数多くの 15 ファンを呼び込もうと努めています。

2 「ゆるキャン△」がもたらす効果

　山梨県と静岡県による『ゆるキャン△』を活用した観光振興にはどのような効果があるのでしょうか。

　観光客に対しては，地域の魅力を深く知ってもらう効果が期待できます。キャンプがテーマのアニメだけに，現地を訪れる観光客の中にもキャンプを楽しむ人が多いでしょう。キャンプは滞在時間が長く，地域の魅力をじっくりと味わうのに最適な体験です。そのため，アニメをきっかけに訪れた人が地域のリアルな魅力を感じることで，アニメ以外の理由で地域を再訪問する可能性が生まれます。

　地域住民に対しては，**シビックプライド**を高める効果が期待できます。シビックプライドとは，郷土愛，地域への愛着のことです。山梨大学などが実施した調査によれば，『ゆるキャン△』人気をきっかけとして，以前に比べて自分の地元をより自信をもって発信できるようになったという地域住民の声が確認されたそうです。シビックプライドの向上は，その地域で暮らし続けたいと思う人を増やし，**地域活性化**に貢献すると考えられます。

3 キャンプを活用した伝統継承への挑戦

　世界的に関心が高まっている **SDGs** では，地域の伝統を残すことも重要な目標の一つです。ここでは，キャンプを活用して，伝統の継承に挑むユニークな事例をみていきましょう。

　島根県松江市の市街地にある大橋川では，矢田の渡しと呼ばれる渡し船が有名です。千数百年の伝統を持ち，『出雲風土記』にも登場する由緒ある渡し船ですが，川にかかる大きな橋が開通したことで利用者が激減，経営の危機に瀬しています。なんとかして伝統を残そうと，地域の街おこしグループは大橋川に浮かぶ狐森島という**無人島**に着目しました。矢田の渡しでしか辿り着けないこの島にキャンプ場をつくり，渡し船の需要をつくろうと考えたのです。狐森島は無人島なので，電気と水道が通っていません。しかし，その不便さがベテランキャンパーの心をくすぐる環境になっています。

Key Word
□ソロキャンプ　□グランピング　□シビックプライド
□地域活性化　□SDGs　□無人島

↑『ゆるキャン△』に登場するキャンプ場のモデルとなった静岡県富士宮市の「ふもとっぱら」。

↑「矢田の渡し」の船上からの風景（上）と企画運営に携わるメンバー（下）。

↑ JR上越線の無人駅「土合」は乗降客が極めて少ない秘境駅です。ここに秘境駅ならではのワクワク感を楽しめるグランピング施設ができました。

日付記入欄　読んだらチェック！
✓
年　　　　月　　　　日

Study 1

日本各地のユニークなグランピング施設を調べよう。

「大自然の中にテントを張って、寝袋で寝る」というキャンプのイメージを覆すグランピングを探そう。

施設の名称・地域	グランピング施設の概要
（例）GLAMP MARE 淡路・兵庫県淡路島	（例）宿泊施設に客室温泉がついている。

advance グループ内で事前に担当地域を決めておいて、メンバーが調べてきた事例を教え合おう。

Study 2

自分がキャンプに参加すると想定して、キャンプにおいて注意すべき点は何か考えよう。

「環境への悪影響を与えないためには」「キャンプ場の近隣住民に迷惑をかけないためには」などと考えられるね。

注意点
（例）焚き火で使った炭をキャンプ場に置きっぱなしにしたり、埋めたりして帰らない。

advance 調べた注意点を守ってもらうために、キャンプに関わる企業（キャンプ場の運営企業、キャンプ用品の製造業など）がどういった対策をとることができるか考えよう。

Study 3	多くの観光客をひきつけるユニークなキャンプ場を考えよう。ターゲットとする顧客を設定し，ターゲットをひきつけるキャンプ場の目玉企画を考えるとともに，リピート客をつくる工夫も提案してみよう。

身近な地域の特色を生かしたプランやあなたが実際に参加したいと思うプランを考えよう。

キャンプ場の場所	（例）狐森島（無人島）
ターゲット	（例）サバイバル好きな上級キャンパー
キャンプ場の目玉企画	（例）無人島で3日間サバイバルキャンプ。最低限の持ち物だけで参加し，食料やテントは無人島で調達する。
リピート客を作る工夫	（例）サバイバル成功者には次回参加時に1食だけとても豪華な夕食が食べられる権利を与える。

advance 作成したプランを全体で発表して，最も人気のあるプランを決めよう。

参考文献

書籍

井上史雄・大橋敦夫・田中宣廣・日高貢一郎・山下暁美（2013）『魅せる方言：地域語の底力』三省堂 .

岡本伸之編（2011）『観光学入門　ポスト・マスツーリズムの観光学』有斐閣 .

竹内正人・竹内利江・山田浩之（2018）『入門　観光学』ミネルヴァ書房 .

電通 abic project 編・和田充夫・菅野佐織・徳山美津恵・長尾雅信・若林宏保（2009）『地域ブランド・マネジメント』有斐閣 .

農林水産省（2020）『令和元年度 食料・農業・農村白書』.

村山慶輔（2020）『観光再生：サステナブルな地域をつくる 28 のキーワード』プレジデント社 .

山川和彦編（2020）『観光言語を考える』くろしお出版 .

山下晋司（2011）『観光学キーワード』有斐閣 .

論文・新聞・雑誌

「アイヌ文化×デジタル芸術，阿寒 DMO，体験型観光の力，自然生かしたイベントを充実。」『日本経済新聞』（2019 年 1 月 11 日），地方経済面（北海道）.

安芸悟（2020 年 4 月 4 日）「岳南電車，夜景電車じわり人気，沿線の魅力も発掘」『日本経済新聞』，地方経済面（静岡），6 面 .

荒川信一（2019 年 10 月 26 日）「走れ観光フロンティア 下 道東・道北から新潮流」『日本経済新聞』，地方経済面（北海道）.

石鍋仁美（2020 年 4 月 3 日）「キャンプブームなぜ再燃？気軽でおしゃれ，若者つかむ，自然の癒しに価値見いだす。」『日経 MJ』3 面 .

「1 位 無人駅＆辺境グランピング：『何もない』が流行の最先端に」『日経デザイン』，2021 年 2 月号，pp.56-57.

井上みなみ・二村俊太郎・松本千恵（2020 年 12 月 25 日）「こんな場所でテレワーク!? よみうりランド，プール・観覧車で創造意欲　オンオフ切り替え，柔軟に」『日経 MJ』，12 面 .

大岩佐和子（2019 年 9 月 5 日）「複眼 観光公害 どう向き合う」『日本経済新聞』，朝刊，6 面 .

大林広樹（2019 年 1 月 14 日）「姉さん，事件です，丸ごと！街がホテル，星野リゾート，温泉街まで再生，囲い込まずに楽しさ提案」『日経 MJ』，1 面 .

「韓国訪日客 58% 減，9 月，九州など地域経済に影」『日本経済新聞』（2019 年 10 月 17 日），朝刊，3 面 .

小林宏行（2019 年 10 月 2 日）「変わる若者の国内旅行スタイル－名所より地域交流に価値, コペンハーゲンに学べ」『日経 MJ』，3 面 .

「コロナ禍にもバスを使った『巨大迷路』でサプライズ　社内環境と顧客ニーズをリアルタイムにとらえスピーディーな企画・実行で話題を生む」『宣伝会議』（2021 年 1 月号），pp.60-61.

佐々木たくみ（2020 年 12 月 2 日）「『稼げる水産業』三陸から挑む フィッシャーマン・ジャパン代表 阿部勝太（Game Changer 挑戦者たち）」『日本経済新聞』，朝刊，11 面 .

「三セク鉄道巡り『鉄印』集め，40 社，全国で観光促進策，完売相次ぎ増刷，旅行商品も用意」『日経 MJ』（2020 年 8 月 3 日），5 面 .

「静岡経済特集：『密』避けるレジャーに光，漫画・アニメ『ゆるキャン△』効果，キャンプ誘客しやすく。」『日本経済新聞』，朝刊，32 面 .

「常道の反対がブランドを磨く 吉永泰之（富士重工業社長）×星野佳路（星野リゾート社長）」『日経ビジネス』（2015 年 2 月 2 日），pp.10-13.

白山雅弘（2019 年 9 月 13 日）「釧路の夜，『光』で照らす　デジタルアートで異文化体験 カムイルミナなど，観光客呼び消費促す」『日本経済新聞』地方経済面（北海道）.

「セカイホテル，町工場で溶接・塗装体験，東大阪で宿泊プラン」『日経 MJ』（2020 年 9 月 11 日），5 面 .

「地域鉄道『資源』フル活用，車両にファン宿泊，踏切音を配信，手すり販売，人口減・コロナ禍で活路」『日本経済新聞』（2020 年 12 月 10 日），夕刊，9 面 .

内藤英明・斎藤毬子・沢沼哲哉（2019 年 9 月 21 日）「『分散型ホテル』町の風情味わう，古民家や空き店舗活用」『日本経済新聞』，夕刊，1 面 .

中島正博（2012）「過疎高齢化地域における瀬戸内国際芸術祭と地域づくり - アートプロジェクトによる地域活性化

と人びとの生活の質 -」『Hiroshima Journal of International Studies』Vol.18, pp.71-89.

西川潤（2004）「内発的発展の理論と政策 - 中国内陸部への適用を考える -」『早稲田大学政治経済学雑誌』No.354, pp.36-43.

西村正巳（2019 年 8 月 17 日）「島根大生，実践の街おこし 学んだ専門性発揮し自信に，古民家改修の設計から工事まで，土産デザインを企業に提案」『日本経済新聞』地方経済面（中国），11 面.

「日経優秀製品賞，MJ 最優秀賞『セカイホテル』，街ごと宿泊，地域に活気（開発の現場から）」『日経 MJ』（2020 年 2 月 14 日），11 面.

「日経優秀製品・サービス賞 日経 MJ 優秀賞 8 点，フードピクト，訪日客向け食材用絵文字『フードピクト』」『日経 MJ』（2020 年 1 月 6 日），4 面.

藤村和宏・王維（2016）「異文化性が生み出す観光価値を活用した観光戦略 - 長崎の『祭り』を中心に -」『香川大学経済論叢』第 88 巻，第 4 号，pp.1-46.

牧野丹奈子（2013）「長浜『黒壁』におけるまちづくり」『桃山学院大学経済経営論集』第 55 巻，第 3 号，pp.409-427.

松下重雄（2016）「持続可能なツーリズムをとおした集落再生の取り組み：イタリアのアルベルゴ・ディフーゾの取り組みを事例として」『公益社団法人日本都市計画学会 都市計画報告集』，14，pp.359-363.

松本紗梨・稲垣宗彦（2021）「観光 2.0 はバーチャルで切り開け」『日経クロストレンド』（7 月号），pp.32-37.

みずほ総合研究所（2006）「滋賀県の地域政策事例〜『黒壁』から学ぶ街づくりと長浜市の現状〜」『みずほ地域経済インサイト』.

山崎雅生（2015）「イタリア発の新たな形態のホテル『アルベルゴ・ディフーゾ』：その概要と北海道での導入について」『NETT』（ほくとう総研），88，pp.34-37.

山田雄一・川口明子・梅川智也（2014）「都市と観光に関する研究 - アーバン・ツーリズムの推進に向けて -」（https://www.jtb.or.jp/wp-content/uploads/2014/12/report2003_2-2.pdf）.

渡辺正範（2017）「大地の芸術祭 越後妻有アートトリエンナーレ」『国際文化研究 2017 冬』Vol.94，pp.28-31.

Web

ADVENTURE TRAVEL TRADE ASSOCIATION (2017), "North American Adventure Travelers: Seeking Personal Growth, New Destinations, and Immersive Culture", https://www.ncetourism.com/wp-content/uploads/2017/10/WebPage.pdf（2021 年 6 月 19 日最終閲覧）.

いすみ鉄道公式 Twitter.

一般社団法人日本まちやど協会「まちやどについて」，http://machiyado.jp/about-machiyado/（2021 年 6 月 6 日最終閲覧）.

「映画『電車を止めるな！』公式サイト」，https://www.dentome.net/（2021 年 6 月 6 日最終閲覧）.

FNN プライムオンライン「市街地の"無人島"でワイルドキャンプ 移動手段は存続の危機にある「渡し船」伝統を繋ぐ街おこしの挑戦【島根発】」https://www.fnn.jp/articles/-/189259（2021 年 7 月 20 日最終閲覧）.

OKUTAMA ＋ウェブサイト，https://okutamaplus.com/（2021 年 7 月 21 日最終閲覧）.

おてつたびウェブサイト，https://otetsutabi.com/（2021 年 6 月 19 日最終閲覧）.

岳南電車「夜景電車」，https://www.gakutetsu.jp/yakei_train/yakei_premium_fujisan.html（2021 年 6 月 6 日最終閲覧）.

神宿栄子（2020）「城の活用が進む？国内初の城泊，長崎県平戸城と愛媛県大洲城の取組み「城泊・寺泊による歴史的資源の活用セミナー」開催【城泊編】【寺泊編】」.

（【城泊編】https://www.homes.co.jp/cont/press/buy/buy_01079/

【寺泊編】https://www.homes.co.jp/cont/press/buy/buy_01081/）

観光経済新聞 Kankokeizai.com（2018 年 2 月 13 日）「改正旅館業法，6 月 15 日に試行」，https://www.kankokeizai.com/%E6%94%B9%E6%AD%A3%E6%97%85%E9%A4%A8%E6%A5%AD%E6%B3%95%E3%80%816%E6%9C%8815%E6%97%A5%E3%81%AB%E6%96%BD%E8%A1%8C/（2021 年 6 月 6 日最終閲覧）.

観光庁（n.d.）「観光地域づくり法人（DMO）」（https://www.mlit.go.jp/kankocho/page04_000053.html）.

観光庁（n.d.）「城泊・寺泊による歴史的資源の活用」（https://shirohaku-terahaku.com）.

「観光」，『日本大百科全書』，JapanKnowledge Lib., https://japanknowledge.com/lib/display/?lid=1001000060643（2021 年 8 月 28 日最終閲覧）.

観光庁（2019）「『訪日外国人旅行者の受入環境整備に関するアンケート調査』結果」，https://www.mlit.go.jp/

common/001281549.pdf（2021 年 6 月 6 日最終閲覧）.

環境省（n.d.）「エコツーリズムのススメ」（https://www.env.go.jp/nature/ecotourism/try-ecotourism/index.html）

経済産業省北海道経済産業局（2018）「日本初，アドベンチャーツーリズムマーケティング戦略策定！－道東エリアをモデルとした地域 AT 戦略－〈全体版〉」https://www.hkd.meti.go.jp/hokim/20180522/all.pdf（2021 年 6 月 6 日最終閲覧）.

小泉一敏（2020 年 8 月 31 日）「『鉄印帳』が人気，苦境の三セク鉄道『うれしい誤算』」，産経新聞オンライン，https://www.sankei.com/article/20200831-WHCOZOYVWJPLTC7EEINEI3WAYU/（2021 年 6 月 6 日最終閲覧）.

公益社団法人日本観光振興協会「全国観るナビ」（https://www.nihon-kankou.or.jp）.

国立大学法人山梨大学生命環境学部地域社会システム学科・山梨中銀経営コンサルティング株式会社経済調査部（2019）「『ゆるキャン△』が地域に与えた影響調査について」https://www.yamanashiconsul.co.jp/wp_yc/wp-content/uploads/2019/02/7918d2cfd82b1cb1876500483ae7ffcc.pdf（2021 年 7 月 19 日最終閲覧）.

JTB 総合研究所ウェブサイト「用語集 オーバーツーリズム」https://www.tourism.jp/tourism-database/glossary/search/%E3%82%AA%E3%83%BC%E3%83%90%E3%83%BC%E3%83%84%E3%83%BC%E3%83%AA%E3%82%BA%E3%83%A0（2021 年 6 月 19 日最終閲覧）.

上越観光 Navi「マイクロツーリズム『小さな旅』」, https://joetsukankonavi.jp/micro_tourism/（2021 年 7 月 21 日最終閲覧）.

シラハマ校舎ウェブサイト, https://www.awashirahama.com/nagao/index.html（2021 年 7 月 21 日最終閲覧）.

セカイホテルウェブサイト, https://www.sekaihotel.jp/（2021 年 6 月 6 日最終閲覧）.

総務省（n.d.）「地域への新しい入り口 関係人口ポータルサイト」, https://www.soumu.go.jp/kankeijinkou/（2021 年 6 月 19 日最終閲覧）.

鶴雅グループウェブサイト「阿寒の夜 神秘的なカムイの世界へ」https://www.tsurugagroup.com/plans/kamuy-lumina/（2021 年 6 月 19 日最終閲覧）.

東京女子大学篠崎ゼミ×ジャパンナレッジ「方言チャート番外編 県人度判定ベータ版」, https://ssl.japanknowledge.jp/kenjindo/（2021 年 6 月 6 日最終閲覧）.

日本アドベンチャーツーリズム協会「アドベンチャーツーリズムとは」https://atjapan.org/adventure-tourism（2021 年 6 月 6 日最終閲覧）.

日本航空（2020 年 10 月 19 日）「プレスリリース オンライン旅行サービス，『JAL オンライントリップ』の第 3 弾を実施します」https://press.jal.co.jp/ja/release/202010/005818.html（2021 年 6 月 19 日最終閲覧）.

日本政府観光局（2020 年 7 月 15 日）「2020 年 4 月 国・地域別 / 目的別 訪日外客数（暫定値）」https://www.jnto.go.jp/jpn/statistics/data_info_listing/pdf/2020_april_zantei.pdf（2021 年 6 月 19 日最終閲覧）.

日本フードツーリズム協会（n.d.）「能登島 自然と人が共存する島 暮らしを紡ぐ『まあそい』旅」（https://ftarea.com/notojima.html）.

のと島クラシカタ研究所（n.d.）「のとじま まあそい」（https://masoi.net/organization/）.

「はとバスぐるぐる 60 台で巨大迷路」毎日新聞ウェブサイト, https://mainichi.jp/articles/20200920/ddm/041/040/072000c（2021 年 6 月 6 日最終閲覧）.

PR TIMES「お手伝い×地域のマッチングプラットフォーム『おてつたび』が，数千万円の資金調達を実施。飛騨地域を拠点に事業拡大を目指します！」(2019 年 10 月 18 日), https://prtimes.jp/main/html/rd/p/000000013.000036175.html（2021 年 6 月 19 日最終閲覧）.

「富士の国やまなし」https://www.yamanashi-kankou.jp/special/sp_yurucamp/index.html（2021 年 7 月 19 日最終閲覧）.

星野リゾート「星野リゾートの『マイクロツーリズム』ご近所旅行のススメ」https://www.hoshinoresorts.com/sp/microtourism/（2021 年 6 月 19 日最終閲覧）.

星野リゾート青森屋, https://hoshinoresorts.com/ja/hotels/aomoriya/（2021 年 6 月 6 日最終閲覧）.

山下暁美（2013 年 6 月 22 日）「地域語の経済と社会－方言みやげ・グッズとその周辺－第 259 回 山下暁美さん：『琉神マブヤー』と『東北合神ミライガー』」, https://dictionary.sanseido-publ.co.jp/column/chiikigo259（2021 年 6 月 19 日最終閲覧）.

「ゆるキャン△×静岡県」https://yurucamp-shizuoka.com/（2021 年 7 月 19 日最終閲覧）.